AF199312

Côte d'Azur

lieben lernen

Der perfekte Reiseführer für einen unvergesslichen Aufenthalt in Côte d'Azur inkl. Insider-Tipps und Packliste

Marieke Wingert

✈ INHALT

Willkommen in Südfrankreich   1

Geografie und Landschaft   4

Klima und Reisezeit   7

Geschichte   10

Anreise und Mobilität vor Ort   13

Flugzeug 13

Auto 14

Zug 16

Mobilität vor Ort 17

Essen und Trinken   19

Typische Gerichte und Spezialitäten 20

Die Mahlzeiten in Frankreich 25

*Eine kleine Einführung in die Welt des
französischen Weins 26*

Übernachten   31

Hotels, Pensionen und Jugendherbergen 32

Ferienwohnungen und Ferienhäuser 38

Camping 40

Die Côte d'Azur von Ost nach West   44

Menton   44

Monaco   49

Nizza 56

Antibes   62

Cannes   66

Saint Tropez   71

Praktische Hinweise von A-Z   75

Kleiner Sprachführer   79

Schlusswort   80

Packliste   82

Willkommen in Südfrankreich

Glitzerndes Wasser, klarer Himmel, helle Strände, Palmen, Sonne, eine geschichtsträchtige Kultur und die einzigartige Landschaft ziehen Jahr für Jahr viele Touristen an die Côte d'Azur. Die blaue Küste Südfrankreichs faszinierte schon viele Berühmtheiten wie Grace Kelly, Pablo Picasso, Jean Cocteau oder Brigitte Bardot.

Die Côte d'Azur liegt an der französischen Mittelmeerküste. Übersetzt bedeutet der Name

„azurblaue Küste". Die Wortschöpfung „Côte d'Azur" geht auf den Dichter Stéphen Liégeard zurück.

Entlang der Küste liegen viele weltbekannte Städte. Monaco zieht Besucher mit einem Hafen voller luxuriöser Yachten und dem berühmten Casino in seinen Bann. In Nizza schlendert man die berühmteste Strandpromenade der Welt entlang und Cannes begeistert mit seinem jährlichen Filmfestival. Die Strände zählen zu den schönsten in Frankreich.

Wer den Strand, das Meer und die Natur liebt, für den ist die Côte d'Azur genauso das richtige Reiseziel wie für Kunst- und Kulturbegeisterte. Pro Jahr gibt es ca. 400 nationale und internationale kulturelle Veranstaltungen. Auch für Feinschmecker hat die französische Küste einiges zu bieten. Die französische Küche ist weltbekannt und man sollte sie sich nicht entgehen lassen. Fangfrischer Fisch, bester Wein und regionales Obst und Gemüse werden zu einem einmaligen Geschmackserlebnis. Es gibt über 5000 Restaurants, darunter sind mehr als 30 Stück mit Michelin-Sternen ausgezeichnet. Hier gibt es für jeden ganz besondere Erlebnisse. Die Côte d'Azur ist traumhaft schön und unglaublich vielfältig.

Dieser Reiseführer bietet umfassende

Informationen und ist ein optimaler Begleiter für Reisebegeisterte. Von Anreise, Übernachtung und Verpflegung bis hin zu Sehenswürdigkeiten, Attraktionen und Insidertipps ist alles dabei. Machen Sie ihren Aufenthalt an der Côte d'Azur zu einem unvergesslichen Erlebnis!

Geografie und Landschaft

Die Côte d'Azur liegt im Süden von Frankreich am Mittelmeer und zieht sich von Menton im Osten nahe der italienischen Grenze bis nach Cassis im Westen. Manche nennen auch schon Saint-Tropez, Toulon oder Hyères als Grenzstadt. Häufig wird die Côte d'Azur auch als französische Riviera bezeichnet. Sie gehört zur Region Provence-Alpes-Côte d'Azur. Diese zieht sich über 31400 Quadratkilometer und ist die achtgrößte Region in Frankreich. Die „blaue Küste" hat rund 1,6

Millionen Einwohner. Auch das Fürstentum Monaco gehört zu diesem Küstenstreifen.

Im östlichen Hinterland liegen die Seealpen, die kurz hinter der Küste bis zu 3000 Meter steil aufsteigen. Weiter westlich findet man das *Massif des Maures* mit zahlreichen grün bewaldeten Hügeln und das *Massif de l'Esterel*, gut zu erkennen an den charakteristischen roten Felsen – ein schöner Kontrast zum azurblauen Meer. Außerdem sehr bekannt in dieser Region ist der Mont Ventoux, ein 1912 Meter hoher Berg, der Teil der Strecke der Tour de France ist. Die Halbinsel von Saint-Tropez hat eine sehr abwechslungsreiche Küstenlinie.

Man findet sehr felsige Regionen, aber auch Strände, die sich kilometerweit ziehen. Die Region um die Côte d'Azur beeindruckt durch eine üppige Flora und Fauna. Typisch ist eine mediterrane Strauchlandschaft mit immergrünen kleinen Sträuchern, auch genannt Garrigue. Zu diesen Garrigue-Pflanzen zählen Ginster, Wachholder und Zistrose. Im *Massif des Maures* und *Massif de l'Esterel* findet man viele Korkeichenwälder. Außerdem wachsen in der Region der Côte d'Azur viele Pinien, Zedern und Platanen. Wunderschön sind auch die vielen

Olivenbäume, Orangen- und Zitronenhaine, Weinreben, Aloen, Agaven und Kakteen. Besonders auffällig sind die strahlend gelben Mimosen, die vielerorts die Landschaft verschönern. Auch die Tierwelt ist sehr vielfältig. In den Seealpen gibt es seltene Tiere wie Adler, Steinböcke und Wölfe sowie unter Naturschutz stehende Wiesenotter. Auch Landschildkröten kann man besonders gut am *Massif des Maures* beobachten. Westlich von Saint-Tropez kann man zahlreiche Eidechsennattern entdecken. Aber Achtung: der Biss dieser Schlange ist giftig. Wenn man besonders aufmerksam ist, erspäht man vielleicht auch eine Perleidechse.

Klima und Reisezeit

An der Côte d'Azur herrscht ein mediterranes Klima. Es gibt milde Winter und heiße Sommer, in denen die Temperaturen am Tag oft die 30-Grad-Marke übersteigen. Durch die Klimaerwärmung werden die Sommer zunehmend heißer. Nachts herrschen in den Sommermonaten meist angenehme 20 Grad Celsius. Mit circa 300 Sonnentagen im Jahr, ist die französische Riviera das ultimative Urlaubsziel. Allerdings sollte man den Mistral nicht vergessen, ein kalter Fallwind, der aus dem

Rhonetal kommt und die Temperaturen auch im Sommer schnell einmal um 10 Grad fallen lässt. Dafür sorgt er aber auch für einen malerisch blauen Himmel. Es gibt circa 50 Regentage pro Jahr, die meisten davon zwischen Oktober und März.

Die Regenschauer sind in der Regel sehr heftig und führen häufig zu Überschwemmungen. Aber keine Sorge, im Sommer gibt es statistisch gesehen nur circa drei bis vier Tage mit einzelnen Schauern. Das Gebirge, welches nördlich der Côte d'Azur liegt, schützt vor Stürmen, die vom Atlantik her Richtung Osten über das Festland ziehen. Aufgrund dieser besonderen Geografie herrscht an der Küste ein Mikroklima mit sehr milden Wintern, sodass es sonnige Wintertage gibt, an denen es 15 bis 20 Grad Celsius warm ist.

Die Wassertemperaturen steigen gegen Ende Mai oder Anfang Juni auf 20 Grad und ermöglichen damit einen angenehmes Badeerlebnis. Diese Temperaturen halten dann in der Regel bis Anfang Oktober an. Der Spitzenwert wird mit ungefähr 23 Grad Wassertemperatur im August erreicht. Die optimale Reisezeit für einen Sommerurlaub ist daher zwischen Mai und Oktober. Möchte man die Hochsaison mit den überfüllten Städten und Stränden meiden, so empfiehlt es sich, Ende des Frühlings oder im Spätsommer an die Côte d'Azur zu fahren. Im Juli und August ist es sehr touristisch und die Preise für Übernachtungen steigen rasant in die Höhe, da auch viele Franzosen ihre Sommerferien dort verbringen. Die beste Reisezeit ist im September. Die Tage sind nicht mehr ganz so heiß, das Wasser ist noch warm, es gibt nicht mehr so viele Touristen und die Spätsommersonne taucht die ganze Küste in ein malerisches Licht.

Geschichte

Die *Grotte du Vallonnet* in Roquebrune ist eine Million Jahre alt und die älteste, prähistorische Stätte Europas. Die ersten Siedlungen in der Nähe von Nizza wurden vor etwa 400.000 Jahren errichtet. Knochenfunde belegen, dass unsere Vorfahren, die Cro-Magnon-Menschen vor 30.000 Jahren im Gebiet der Côte d'Azur lebten. Die späteren Bewohner lebten vom Handel und gehörten zum Volk der Ligurer. 600 vor Christus richteten die Griechen in Nizza und Antibes ihre ersten Handelsstützpunkte ein und gründeten Marseille. 150 bis 50 Jahre vor Christus kamen die Römer, welche das Landesinnere beherrschten, während die Griechen die Küste in ihrer Gewalt hatten. 800 nach Christus fielen die Sarazenen in die Küste ein. Sie bauten zur Verteidigung viele Forts und Festungen, einige davon sind heute noch erhalten (zum Beispiel Èze). Das Frankenreich zerfiel 814 nach Christus mit dem Tod Karls des Großen.

Die Grafschaft Provence gehört zum Heiligen Römischen Reich deutscher Nation, während Nizza zur Grafschaft Savoyen angehört. Erst 1860 ging Nizza endgültig an Frankreich. 1834 ließ sich ein englischer Lord in Cannes nieder und lockte damit viele weitere, britische Adlige an die Küste. Ein englischer Pfarrer ließ 1849 in Nizza eine Uferpromenade anlegen, die heutige „Promenade des Anglais". So wurde die Côte d'Azur zum Erholungsgebiet englischer Aristokraten.

Der Tourismusboom begann allerdings erst um 1850 mit dem Ausbau der Eisenbahnstrecke. Die ersten Touristen zog es wegen der milden Winter an die Côte d'Azur. Erst später kamen die Leute im Sommer und sorgten für den Bau mehrerer Hotels, Promenaden und die Aufschüttung von Sandstränden. In der „Belle Époque" um 1887 wurde die französische Riviera zum beliebten Urlaubsziel für viele Schriftsteller und Künstler. Um außerhalb der Saison Touristen anzuziehen, beschloss der Stadtrat von Cannes, jährlich ein Filmfestival zu veranstalten. Das erste fand im September 1946 statt, hatte aber leider nur geringe Besucherzahlen. Das Filmfestival 1951 machte Cannes plötzlich weltbekannt und zog unzählige Besucher in die kleine Stadt. Doch das Tourismusgeschäft erlebte Ende der 1980er Jahre eine Krise, da billige Karibikreisen der Côte d'Azur als Reiseziel Konkurrenz machten. Deshalb wollte man nun mit mehr Sportangeboten und idyllischen, mediterranen Orten, die fern ab vom Massentourismus lagen, die Besucher für sich gewinnen. Vielerorts findet man daher auch heute noch eher ruhige Orte, wie *Hyères-les-Palmiers* und *Cap de Brégançon*.

Anreise und Mobilität vor Ort

FLUGZEUG

Entlang der Côte d'Azur gibt es mehrere Flughäfen. Welchen Sie wählen, hängt vom konkreten Reiseziel und dem Ausgangsstandort ab. Die größten Flughäfen befinden sich in Nizza und Marseille, wobei meist der Flughafen in Nizza bevorzugt wird, da er der drittgrößte in Frankreich ist und dadurch von sehr vielen Airlines beflogen wird. Von Deutschland aus bieten Lufthansa und Air France Direktflüge an. Aber auch Billigflüge nach Nizza kann man buchen, beispielsweise bei den Fluggesellschaften EasyJet, Ryanair und Eurowings. Nizza lässt sich durch das vielfältige Angebot verschiedener Airlines aus fast allen großen Städten in Deutschland erreichen. Direktflüge sind der schnellste und häufig auch günstigste Weg, um an die Côte d'Azur zu kommen. Aber der CO_2-Ausstoß beim Flug ist enorm, womit die Anreise mit dem Flugzeug sehr umweltschädlich ist. Es lohnt sich also, sich auch über Zugverbindungen zu informieren und darüber nachzudenken, den Flug über Webseiten wie atmosfair.com zu kompensieren. Vergessen Sie nicht Ihren Personalausweis oder Reisepass. Ein Visum ist innerhalb der Europäischen Union nicht notwendig.

AUTO

Die Anreise mit dem Auto ist die flexibelste Anfahrtsmöglichkeit. So kann man auch den Gepäckbeschränkungen der Airlines aus dem Weg gehen. Ein großer Vorteil ist auch die Mobilität vor Ort. Beachten Sie aber, dass in Frankreich oft Maut- und Autobahngebühren zu zahlen sind, die sich je nach gewählter Strecke schnell aufaddieren können. Auch die Spritkosten sollte man nicht vergessen. Bei einer Anreise von Süddeutschland aus führt die

Autostrecke über Mailand in Italien. Von Stuttgart nach Cannes legt man 850 km zurück. Besonders der Straßenabschnitt der E80 bei Genua bis zur französischen Grenze beinhaltet viele Tunnel und kaum Ausweichmöglichkeiten, sodass es hier besonders zur Hochsaison im Sommer oft zu Staus kommt.

Bei einer Anreise über die südfranzösische Autobahn fahren Sie sehr gut ausgebaute Straßen entlang, die Anreise ist unkompliziert und meist relativ schnell, da die französischen Autobahnen in der Regel nicht so voll sind wie die italienischen. Sie können über die A6, die *Autoroute du Soleil*, die A7 bei Lyon bis zur A8, der *La Provençale* oder entlang der A75, der *La Méridienne* anreisen.

Die Anreise mit dem Auto dauert ca. 12 Stunden. Als Sicherheitshinweis sollten Sie sich zu Herzen nehmen, nach Möglichkeit nicht auf Autobahnraststätten zu übernachten, sondern lieber bewachte Campingplätze aufsuchen. Besonders Delikten wie Diebstahl fallen Touristen häufiger zum Opfer.

ZUG

Eine Anreise mit dem Zug ist die wohl entspannteste Möglichkeit ans Ziel zu kommen. Die Züge der französischen Bahn SNCF fahren alle Städte entlang der Côte d'Azur an. Mit dem Hochgeschwindigkeitszug TGV kann man von Frankfurt am Main direkt nach Marseille fahren. Die Fahrzeit beträgt ungefähr 8 Stunden. Es gibt auch zahlreiche weitere Verbindungen mit Umstieg in Brüssel, Straßburg oder Paris. Insidertipp: Kauft man das Ticket direkt auf der deutschsprachigen Website der SNCF kann man etwas günstigere Fahrkartenpreise finden.

Die Preise variieren stark, beginnen aber bei 39 Euro. Es gibt auch eine Autozugverbindung zwischen Hamburg, Düsseldorf und Neu-Isenburg nach Narbonne und Alessandria in Frankreich. Von diesen beiden Städten aus ist die Côte d'Azur mit dem Auto gut zu erreichen. Sie sparen sich als die Autostrecke von Deutschland an die französische Riviera, sind vor Ort aber dennoch flexibel mit dem eigenen Auto unterwegs. Diese Möglichkeit ist ein guter Kompromiss zwischen der langwierigen Anreise mit dem Auto und der Mobilität vor Ort.

MOBILITÄT VOR ORT

Es gibt unzählige Mietwagenanbieter in der Region. Mit etwas Glück kann man sehr günstige Angebote finden, die mit 10 Euro pro Tag beginnen. Am Flughafen sind die größeren, bekannten Autovermietungen vertreten, die auch etwas höhere Preise verlangen. Zu ihnen zählt Sixt, Hertz, Europcar, Budget, Enterprise und Avis. Kleinere Autovermietungen wie Car del Mar bieten teilweise auch sehr günstige Konditionen an.

Mit einem Auto vor Ort gestalten sich Ausflüge sehr unkompliziert und man kommt auch schnell vom Flughafen oder Bahnhof zum Übernachtungsort. Natürlich gibt es auch Taxidienste an der Côte d'Azur, diese sind allerdings sehr viel teurer als ein Mietwagen. Falls Sie kein Auto mieten können oder möchten, ist das allerdings kein Problem. Entlang der Côte d'Azur ist das Nahverkehrsnetz sehr gut ausgebaut. Alle Küstenorte, auch die kleineren, besitzen einen Bahnhof. Es ist also kein Problem, die Region mit dem Zug zu bereisen. Die Preise sind ebenfalls passabel. Eine einfache Strecke nach Monaco kostet etwa 5 Euro. Noch günstiger kommen

Sie mit dem Bus von A nach B. Es gibt zwei verschiedene Busunternehmen: die Ligne d'Azur und TAM. Die Ligne d'Azur verbindet mit vielen Linien die Côte d'Azur von Vence im Westen bis nach Monaco im Osten. Die Tickets sind günstig. Eine Einzelfahrt kostet 1 Euro und gilt bis zu 74 Minuten. Das Busunternehmen TAM ist das größte Unternehmen der Region und hält im Gegensatz zur Ligne d'Azur auch an Haltestellen fremder Busunternehmen. Die Preise sind ähnlich. Die Busse sind die günstigste Möglichkeit, an der Côte d'Azur unterwegs zu sein. Zusätzlich ist die Nutzung des Nahverkehrsnetzes umweltfreundlicher als ein Mietwagen.

Essen und Trinken

2012 erklärte die UNESCO die französische Küche zum immateriellen Weltkulturerbe. Sie ist weltweit einzigartig und ein ganz besonderes Erlebnis bei einer Reise an die Côte d'Azur. Für Franzosen hat Essen einen besonders hohen Stellenwert. So gibt der durchschnittliche Franzose auch mehr seines monatlichen Einkommens für Lebensmittel aus, als es in Deutschland der Fall ist. Die Region der Côte d'Azur ist unter Kennern besonders bekannt für ihre Haute-Cuisine. Sie ist ein Paradies für Feinschmecker und Gourmets. Sollten Sie nach der Reise von der französischen Küche überzeugt sein, so empfiehlt es sich sehr, einen Hauch Frankreich mit nach Hause zu nehmen, indem man eine gute Flasche Wein oder verschiedene Delikatessen und Spezialitäten kauft, die in der Heimat noch an den Urlaub erinnern.

TYPISCHE GERICHTE UND SPEZIALITÄTEN

Da die Côte d'Azur am Meer liegt, gibt es vorzügliche Gerichte mit Fisch und Meeresfrüchten. Eine besondere Fischsuppe ist die *Bouillabaisse*. Sie kommt ursprünglich aus Marseille und ist gekennzeichnet dadurch, dass der Fisch und die Meeresfrüchte, die in die Suppe kommen, extra serviert werden. Außerdem bekannt ist der *Salade niçoise,* eine Spezialität aus Nizza, die oft mit Thunfisch, schwarzen Bohnen, Kirschtomaten, Eiern, Radieschen, Sardellen, Oliven und Avocado zubereitet wird.

Sollte Ihre Reise Sie nach St. Tropez führen, dann lassen Sie sich nicht die Torte *La Tarte Tropézienne* entgehen. Sie besteht aus einem mit Buttercreme gefüllten Hefeteig. Bekannt wurde diese Spezialität durch den Film „Und ewig lockt das Weib" mit Brigitte Bardot. *Ratatouille* wurde ebenfalls an der Côte d'Azur erfunden und ist eine Art Eintopf mit Auberginen, Paprika, Zucchini, Tomaten, Zwiebeln und Knoblauch. Nahezu jedes Gericht ist mit den vorzüglichsten Kräutern wie Oregano, Rosmarin, Thymian, Estragon, Minze, Salbei, Basilikum, Lorbeer oder Lavendel gewürzt. Die Kräuter werden in der Region frisch angebaut und diese Qualität schmeckt man auch.

In den Herbstmonaten findet man überall Spezialitäten mit Maronen. Vor allem Maronen-Eis oder *marrons glacés* (kandierte Maronen) sollte man einmal probieren. In der Region um Collobrières werden besonders viele Esskastanien angebaut. Sie sind die Früchte der Edelkastanie Châtaignier. Sehr oft findet man auf der Karte auch Gerichte mit Ziegenkäse. An der Côte d'Azur gibt es noch Ziegenzüchter, die die Ziegenmilch in traditionellen Familienbetrieben zu Käse verarbeiten, der in den meisten Supermärkten der Region und auf den kleinen Märkten, den *marchés paysans*, verkauft wird.

Verzehrt wird er als Vorspeise, zum Beispiel überbacken, zum Salat oder als Dessert mit ein wenig Honig und süßem Dessertwein. Den Käse gibt es in verschiedenen Variationen: Als Frischkäse, getrocknet, mit Gewürzen und Kräutern, Rosinen, eingelegt oder sogar mit etwas Asche verfeinert.

Die Côte d'Azur ist zusammen mit der Provence eines der größten Anbaugebiete für Zitrusfrüchte, Gemüse, Obst und Kräuter. Es wachsen außerdem zahlreiche Olivenbäume entlang der Küste, aus deren Früchten bestes Olivenöl gepresst wird. Die Landwirte setzen zunehmend auf biologische Landwirtschaft, sodass immer weniger Chemie in den Lebensmitteln steckt. Die meisten Restaurants verwenden somit frische, regionale Erzeugnisse, welche für eine besonders gute Qualität stehen und für ein sensationelles Geschmackserlebnis sorgen.

Die gesunde Küche mit viel Gemüse, Fisch, Knoblauch, Olivenöl und in Maßen guter Wein führen dazu, dass die Menschen in Südfrankreich die höchste Lebenserwartung haben. Man kann ein kleines Vermögen ausgeben, um die gehobenen Restaurants zu besuchen, die sicherlich auch ihr Geld wert sind, allerdings gibt es an der Küste und im Hinterland auch für den kleinen Geldbeutel genug Anlaufstellen für gute, regionale Küche.

Hier eine kleine Liste mit weiteren Spezialitäten,

da es häufiger vorkommt, dass es die Karte nur in Französisch gibt, deshalb hilft es auf jeden Fall ein kleines Wörterbuch mitzunehmen, sollte man der französischen Sprache nicht mächtig sein.

Soupe au pistou
Gemüsesuppe mit Tomaten, weißen Bohnen, Zucchini und Pistou, ein Pesto aus Basilikum, Olivenöl und Knoblauch.

Tapenade
Creme aus schwarzen Oliven, häufig mit Kapern und Sardellen.

Socca
Große, gebackene Fladen aus Kichererbsen-Mehl.

Pissaladière
Zwiebelkuchen; mein persönlicher Favorit, den ich Ihnen wärmstens empfehle, garniert mit einer Sauce auf Sardellenbasis und schwarzen Oliven.

Petits farcis
Gefülltes Gemüse, meist Zucchini, Tomaten oder Auberginen.

Bourride
Ähnlich wie die Bouillabaisse. Beinhaltet oft Seewolf, Seehecht und Seeteufel sowie Aioli, eine Art Mayonnaise mit Knoblauch.

Estocaficada
Stockfisch, der lange mit Zwiebeln, Tomaten, Paprika, Kartoffeln und Kräutern geschmort wird.

Pan bagnat
Weißbrot, welches in Olivenöl gebacken und mit Tomaten, Sardellen, Oliven, Ei und Zwiebeln garniert wird.

Fleurs de courgettes
Gefüllte Zucchiniblüten.

Brandade de morue
Gericht aus zerstoßenem Stockfisch mit Sahne, Olivenöl und Knoblauch.

Tourte de bléa
Kuchen aus klein gehackten Mangoldblättern mit Rosinen und Pinienkernen.

DIE MAHLZEITEN IN FRANKREICH

Traditionell ist das Frühstück, *petit-déjeuner*, eher schlicht gehalten. Es gibt Kaffee, Weißbrot oder Croissants, dazu Butter und Konfitüre. Das Mittagessen, *déjeuner*, umfasst meist drei Gänge. Menüs sind in der Regel billiger als ein Essen *à la carte*. Das Menü in den Restaurants umfasst eine Vorspeise (*hors-d'œuvre*), einen Hauptgang (*plat de résistance*) mit Fisch (*poisson*), Fleisch (*viande*) oder Geflügel (*volaille*) und ein Dessert.

Insidertipp: Jedes Lokal bietet auch ein wechselndes Tagesgericht, *plat du jour*, welches etwas günstiger ist und auf jeden Fall ausreichend. Das Highlight ist aber erst abends das *dîner* oder *souper*, welches häufig erst nach 20 Uhr stattfindet und für das man gute zwei Stunden einplanen sollte, um sich von der Vorspeise bis zum Dessert vorzuarbeiten. Hier wird das Üppigste serviert, was die Côte d'Azur zu bieten hat. In den meisten Restaurants gibt es Brot und eine Wasserkaraffe gratis.

Insidertipp: Die Wasserkaraffe gibt es zwar für umsonst, sie wird aber nur serviert, wenn man explizit danach fragt. Man bestellt dann einfach „Une carafe d'eau, s'il vous plaît.", oder, falls man sich kein Französisch zutraut, „A bottle of tab water please.".

EINE KLEINE EINFÜHRUNG IN DIE WELT DES FRANZÖSISCHEN WEINS

Französischer Wein ist allseits bekannt für seine Hochwertigkeit. Nach Italien wird in Frankreich weltweit der meiste Wein angebaut und produziert. Schon im 5. Jahrhundert nach Christus wurde an der Côte d'Azur Wein produziert.

Die Region blickt also auf eine lange und reiche Geschichte des Weinanbaus zurück. Weinliebhaber kommen in Südfrankreich definitiv auf ihre Kosten. Wein wird hier nicht nur getrunken, sondern auch als Zutat in der Küche benutzt. Die Côte d'Azur gehört zum Weinanbaugebiet Côtes de Provence. Es herrschen perfekte Voraussetzungen für den Weinbau: mediterranes Klima und milde Winter. Aufgrund des kalten Mistrals aus dem Norden werden die Weinreben vor allem an den sonnigen Südhängen angebaut, die dem Meer zugewandt sind. Es gibt über das Jahr 3000 Sonnenstunden in der Region, weit mehr als für die Reifung der Trauben notwendig sind. Weinbauern müssen also sehr erfahren sein, damit die Trauben nicht frühzeitig überreif sind und faulen.

Den größten Anteil an der Weinproduktion hat mit 80 Prozent der Roséwein, es folgt Rotwein mit 15 Prozent und Weißwein mit nur 5 Prozent. Carignan, Cinsault, Grenache, Tibouren und Mourvèdre sind die Rebsorten, die an den südfranzösischen Weinhängen am häufigsten anzutreffen sind. Seit kurzer Zeit werden aber auch vermehrt Cabernet Sauvignon und Syrah angebaut.

Der Weißwein des *Château Simone* ist dabei besonders erwähnenswert. Er wird in der Nähe von *Aix-en-Provence* produziert, hat eine hohe Qualität und ist als der beste *Cru* der Region bekannt. Den Dessertwein *Vin cuit naturel à l'ancienne Provence* sollten Sie sich auch nicht entgehen lassen. Er wird von Jean Salen in *Le Puy-Sainte-Réparade* hergestellt und enthält Noten von Zitrusfrüchten, Rosen und Quitten. Sehr speziell ist der extravagante Walnusswein *Vin de noix,* der aus Wein vermischt mit Walnüssen besteht. Er ist ziemlich süß und wird häufig als Aperitif oder zum Dessert serviert. Ein anderes alkoholisches Getränk, welches an der Côte d'Azur bekannt ist, ist der *Carthagène,* eine Art Weinbrand oder Weinmost, der ebenfalls zu den Dessertweinen zählt und aus Weingeist und frischen Trauben hergestellt wird. Zum Schluss soll hier noch der *Floc de Gascogne* genannt werden, einer der besten Likörweine, den es in Südfrankreich gibt.

Guter Wein trägt das Gütesiegel AOP, welches für *Appellation d'Origine Protégée* steht. Etwas ältere Weinflaschen, die vor 2011 abgefüllt wurden, haben noch das Siegel AOC (*Appellation d'Origine Contrôlée*). Mit dem Siegel weisen die Hersteller eine kontrollierte und geschützte Herkunftsbezeichnung nach. Die Weine kann man generell in zwei Sorten einteilen: Weine mit der Bezeichnung ihrer Herkunft und Weine ohne Angabe der Herkunft. Die Weine der ersten Kategorie sind die AOP- und IGP-Weine (*Indication Géographique Protégée*), wie zum Beispiel die *Vins de Pays,* die Landweine. Der zweiten Kategorie gehören alle Weine an, bei denen die Trauben aus verschiedenen Anbauregionen stammen. Diese sind mit VdF beschriftet, *Vin de France,* oder *Vin de Table* (Tafelwein). Entlang der Côte d'Azur gibt es einige Orte, die das Siegel *Côtes de Provence*

AOC erhalten dürfen. Diese Orte sind *Bormes-les-Mimosas*, *Collobrières*, *Saint Tropez*, *Hyères* und *Ramatuelle*.

Das beste Restaurant für Weinkenner ist ohne Zweifel das „*Le Jardin du Sommelier*" in Toulon. Dort wird Ihnen mit bester französischer Küche und einem großen, regionalen Weinsortiment aufgewartet. Ist man sich unsicher, welchen Wein man bei der schier erschlagenden Auswahl wählen soll, so schadet es nie, sich im Restaurant beraten zu lassen. Mit der Empfehlung des Hauses kann man nie etwas falsch machen. Im Normalfall läuft es so ab, dass der Kellner die bestellte Flasche Wein zum Tisch bringt, vor Ihren Augen öffnet und zuerst einen kleinen Schluck zum Probieren einschenkt. Anschließend dürfen Sie entscheiden, ob Ihnen der Wein schmeckt und Sie diesen trinken möchten. Wenn nicht, so dürfen Sie ihn durchaus zurückgehen lassen und einen anderen aussuchen.

Falls Sie sich für die Welt des Weins interessieren, dann ist die Besichtigung eines Weinguts mit einer Wein-Verkostung sehr zu empfehlen. Es gibt zahlreiche *Châteaux* in der Gegend, die ihre Türen gern für Besucher öffnen und einen spannenden

Einblick in das Winzerleben ermöglichen. Besonders schön ist das „Domaine Saint-Jean" in der Nähe von Nizza, ein kleines, familiengeführtes Weingut oder das Weingut „Château Saint Julien d'Aille", im Hinterland der Côte d'Azur, 35 km von Saint Tropez entfernt. Letzteres ist 1700 Jahre alt und bietet einmal pro Woche eine kostenlose Führung durch die Produktions- und Abfüllanlagen, bei der man viel über die Geschichte und Besonderheiten des Weinbaus lernen kann. Am Ende wird den Besuchern eine Weinverkostung geboten. Kontakt: vinotheque@saintjuliendaille.com, +33494738931. Auch mit Kindern bietet sich so ein Ausflug an, da es viel Spannendes zu sehen und zu entdecken gibt.

Übernachten

Was die Übernachtung betrifft, so hat man prinzipiell mehrere Möglichkeiten. Möchte man gepflegt im Hotel übernachten, so gibt es entlang der Côte d'Azur unzählige Unterkünfte. Von Luxushotels bis hin zu einfachen Pensionen ist alles dabei. Ist man in einer Gruppe unterwegs oder mit Familie, so finden sich auch Ferienwohnungen und sogar ganze Ferienhäuser. Am günstigsten übernachtet man natürlich auf dem Campingplatz, entweder im eigenen Wohnwagen oder im Zelt. Auch billig sind die Jugendherbergen, die es in den Städten vereinzelt gibt.

HOTELS, PENSIONEN UND JUGENDHERBERGEN

Unteres Preissegment (€)

Auberge de Jeunesse

Herberge in **Nizza,** ca. 4 km vom Zentrum entfernt, Jugendherbergsausweis obligatorisch / Route Forestière du Mont-Alban / Tel. +33493892364 / www.fuaj.org / Reservierung unter www.hihostels.com.

Petit Louvre

Einfaches Haus mit kleinen Zimmern in **Nizza** / 10 Rue Emma et Philippe Tiranty / Tel. +33493801554 / petitlouvre@aol.com / November bis Januar geschlossen.

La Lubiane

Gasthof in **Vence** mit Terrasse, 400 m vom Stadtzentrum entfernt, günstiges Restaurant / 10 Avenue Marechal Joffre / Tel. +33493580110 / www.lubiane.fr.

Ma Petite Auberge

Herberge in **Castellane** mitten im Zentrum, Restaurant mit Terrasse / 8 Boulevard De la République / Tel. +33492836206 / November bis Februar geschlossen.

Vauban

Einfaches Hotel in **Entrevaux**, mit Restaurant / 4 Place Louis Moreau / Tel. +33493054240.

Les Palmiers

Kleine Pension in **Grasse** / 17 Avenue Yves Beaudoin / Tel. +33493360724.

Grand Hôtel Dauphiné

Hotel in **Toulon**, in der Fußgängerzone / 10 Rue Berthelot / Tel. +33494922028 / www.grandhoteldauphine.com.

Domaine de Nestuby

Außerhalb des Dorfes **Cotignac**, mitten im Weinberg / Route de Brignoles / Tel. +33494046002 / nestuby@wanadoo.fr.

Mittleres Preissegment (€€)

Hôtel de France
In **Monaco**, Bahnhofsnähe / 6 Rue de la Turbie / Tel. +37793302464 / www.monte-carlo.mc/France.

La Jabotte
Sehr nah am Strand in **Antibes**, klein und hübsch dekoriert / 13 Avenue Max Maurey / Tel. +33493614589 / www.jabotte.com.

La Bastide du Bosquet
Villa aus dem 18. Jh., im Norden des **Cap d'Antibes** / 14 Chemin des Sables / Tel. +33493673229 / www.lebosquet06.com.

Albert 1er
Kleines Haus mit Terrasse in **Cannes**, Parkplatz gratis / 68 Avenue de Grasse / Tel. +33493392404.

Du Soleil
Steinhaus in der Nähe der Stadtmauer von **Hyères-les-Palmiers** / 24 Rue du Rempart / Tel. +33494651626 / www.hoteldusoleil.com.

Lou Cagnard

In **Saint-Tropez** / 30 Avenue Paul Roussel / Tel. +33494970424.

Auberge du Vieux Château

Hotel neben der Kirche im Dorf Cabris, 5 km von **Grasse** entfernt, schöne Sicht auf das Meer und die Stadt / Montag und Dienstag geschlossen / Place Panorama / Tel. +33493605012 / http://aubergedu-vieuxchateau.com.

Clos des Cyprès

Gästezimmer in einem Bauernhaus aus dem 18. Jh. in **Grasse** / 87 Chemin des Canebiers / Tel. +33493404423.

Gehobenes Preissegment (€€€)

Negresco

Das Hotel Negresco wurde 1912 in **Nizza** eröffnet und ist mit seiner charakteristischen Fassade weltbekannt. Die rosa Kuppel wurde von Gustave Eiffel konstruiert. Es wird seit fast 50 Jahren von einer Familie geleitet. Das Luxushotel im Stil der Belle

Époque wird seit 2003 offiziell als historisches Baudenkmal eingestuft. Es beherbergt außerdem das Spitzenrestaurant *Le Chanteclerc*, welches zwei Michelin-Sterne trägt, und die *Bar Le Relais* (tägl. 11.30-1 Uhr) / 37 Promenade des Anglais / Tel. +33493166400 / www.hotel-negresco-nice.com.

Windsor

Mitten in **Nizza** mit Garten und in der Nähe des Meeres. Manche Zimmer wurden von Künstlern wie Lawrence Weiner, Ben oder Raymond Hains dekoriert. / 11 Rue Dalpazzo / Tel. +33493885935 / Fax +33493889457/ www.hotelwindsornice.com.

Martinez

Glanzvoller Hotelpalast in **Cannes**, mit dem Gourmetrestaurant *La Palme d'Or* /73 Boulevard de la Croisette / Tel. +33492987300 / www.martinez-hotel.com.

Villa Roseraie

Jugendstilvilla mit Schwimmbad, Terrasse und Garten im Zentrum von **Cannes** / 128 Avenue Henri Giraud | Mitte November bis Mitte Februar geschlossen / Tel. +33493580220 / www.villaro-seraie.com.

Bor

Modern eingerichtetes Hotel direkt am Meer mit eigenem Strand 4 km vom Stadtzentrum in **Hyères-les-Palmiers**, in der Nähe des Saint-Pierre-en-Port / 3 Allée Émile Gérard / Tel. +33494580273 / www.hotel-bor.com.

La Ponche

Luxushotel im ehemaligen Fischerviertel von **Saint Tropez** mit Restaurant / 5 Rue des Remparts / Tel. +33494970253 / www.laponche.com.

Sol e Mar

Renoviertes Hotel direkt am Wasser in **St-Raphaël** mit Meerwasserpool / Le Dramont RN 98/ Tel. +33494952560 / https://sol-e-mar-hotel-saint-raphael.hotel-mix.de/.

FERIENWOHNUNGEN UND FERIENHÄUSER

Mietet man eine Ferienwohnung, so hat man selbst im Urlaub seine „eigenen vier Wände", für viele ein ganz besonderer Luxus. Keine nervigen Hotelzimmernachbarn und eine eigene Küche, sodass man nicht auf Restaurants angewiesen ist und sich meist viel günstiger verpflegen kann. Entlang der Côte d'Azur findet man sowohl einfache Landhäuser als auch große Villen am Meer mit eigenem Pool und Luxusferienwohnungen in Appartementanlagen, die man mieten kann. Im Internet gibt es unzählige Möglichkeiten, eine Unterkunft zu finden.

Entweder man mietet die Ferienwohnung direkt beim Anbieter ohne eine Agentur oder man wendet sich an Ferienhausvermittler. Besonders zuverlässig sind die beiden großen Agenturen *Interchalet* und *CASAMUNDO*. Auf deren Websites sind die Mietobjekte sehr detailliert beschrieben und mit Fotos hinterlegt, so dass man weiß, was einen erwartet. Insidertipp: Lesen Sie sich immer die Bewertung der vorherigen Gäste durch, die oft sehr aufschlussreich sind. Die umfangreichste Auswahl hat man auf *booking.com*, dort findet jeder das passende Mietobjekt.

Um das richtige Ferienhaus auszuwählen, sollten Sie vorher festlegen, was Ihnen wichtig ist und was Sie brauchen. Typische Fragen, die Sie sich stellen sollten, sind:

Wo soll sich die Wohnung befinden, eher im Hinterland oder direkt am Meer? Wie viele Schlafzimmer und Bäder braucht man? Gibt es eine Küche und soll diese gut ausgestattet sein oder reicht eine Grundausstattung? Möchte man einen eigenen Pool? Braucht man einen Parkplatz? Wie ist die Anbindung an das Straßen- und Nahverkehrsnetz? Wie weit ist der nächste Supermarkt entfernt? Legt man Wert auf einen Balkon oder eine Terrasse? Soll die Umgebung ruhig sein oder darf es etwas belebter sein? Denken Sie daran, dass man Ferienhäuser und -wohnungen am besten ein bis zwei Monate vorher bucht, oder noch zeitiger, da diese sehr beliebt sind und es besonders in der Hochsaison im Sommer schwer ist, noch ein gutes Angebot zu finden, wenn man zu spät danach schaut.

Es gibt außerdem ein paar Punkte zu beachten, wenn man direkt bei Privatleuten mietet. Auf jeden

Fall sollte man nach dem Endpreis fragen und klären, ob Dinge wie Wasser, Strom, Gas, Bettwäsche, Handtücher und die Endreinigung inkludiert sind oder extra gezahlt werden müssen. Außerdem muss man die genaue Adresse vorab in Erfahrung bringen, um zu sehen, wie weit das Ferienhaus oder die Ferienwohnung bspw. vom Flughafen entfernt ist. Reisen Sie mit Haustieren wie einem Hund, muss ebenfalls vorher abgeklärt werden, ob das möglich ist. Gleiches gilt für einen Urlaub mit Kindern. Ganz wichtig ist es, am Ende einen schriftlichen Vertrag abzuschließen, in dem alle wesentlichen Punkte festgehalten sind.

CAMPING

Es gibt unzählige schöne Campingplätze an der südfranzösischen Küste. Achtung: wildes Campen außerhalb von Campingplätzen ist in Frankreich verboten und geht auch mit einigen Sicherheitsrisiken einher. Also lieber ein bisschen Geld in die Hand nehmen und auf einem der vielen Campingplätze sein Lager aufschlagen. Je nach Ausstattung und Lage des Campingplatzes kann man schon ab 10 Euro pro

Nacht einen Platz bekommen. Es gibt Plätze, die mit einem Stern ausgezeichnet sind. Diese dürfen pro Hektar 100 Stellplätze ausweisen. Hat ein Campingplatz 3 Sterne, so gibt es mindestens einen Kinderspielplatz. 5-Sterne-Campingplätze verfügen über Internetzugang, englischsprachiges Personal, einen Pool, Warmwasser-Duschen und bieten nur 70 Stellplätze pro Hektar an, sind aber auch wesentlich teurer als die einfacheren Campingplätze.

Möchte man in der Hochsaison im Sommer an der Côte d'Azur campen, so sollte man unbedingt im Voraus reservieren und beachten, dass im Sommer auf manchen Campingplätzen keine Hunde erlaubt sind. Das sollte man im Zweifel immer nachfragen. Da die Temperaturen besonders in den Sommermonaten sehr hoch sein können, sollte man sich immer informieren, ob der Campingplatz begrünt oder bewaldet ist, sodass man einen Stellplatz im Schatten findet.

Einige Campingplätze sind nun hier angeführt, es gibt allerdings eine noch größere Auswahl auf Internetportalen wie pincamp.de, campingfrance.com und vacansoleil.de. Die Preise reichen von 200 Euro pro Woche bis hin zu 900 Euro, je nach Saison und

Anzahl der Sterne.

Camping Green Park
4 Sterne, Befindet sich nahe **Cagnes-sur-Mer**, in einem grünen Tal gelegen, im Sommer kostenloser Shuttlebus zum Strand, familienfreundlich, umfangreich ausgestattet.

Camping Côté Mer
3 Sterne, nahe **Mandelieu-la-Napoule**, 600 m vom Strand entfernt, familienfreundlich.

Camping Estérel
5 Sterne, nahe **St. Raphaël**, große Anlage, Pool, Spielplatz, Bar und Disco.

Camping Holiday Marina Resort
5 Sterne, nahe **Port Grimaud**, 1 km vom Strand entfernt, 15 Gehminuten bis zum Stadtzentrum, viele Sportmöglichkeiten, Restaurant, Whirlpool.

Camping La Presqu'Île
4 Sterne, 4 km von **Saint-Mandrier-sur-Mer** entfernt, 700 Meter bis zum weißen Sandstrand,

familienfreundlich, platzeigener Kids-Club, Snack-
bar und Pizzeria.

Die Côte d'Azur von Ost nach West

MENTON

Menton liegt ganz im Osten direkt an der Grenze zu Italien. Bis zur italienischen Grenze fährt man mit dem Auto ungefähr 15 Minuten. Die kleine Stadt am Ende der Côte d'Azur ist der absolute Insidertipp. Hier halten sich die Touristenströme noch in Grenzen, die französischen und italienischen Touristen jedoch haben den Ort bereits für sich entdeckt. Die Preise sind für die Region verhältnismäßig gut. Das malerische Städtchen hat einen ganz besonderen Charme mit den bunten Häusern, die sich den Hügel hinauf strecken und dem kleinen Hafen, in dem viele Segelboote ankern. Man nennt sie auch die Zitronenstadt, denn östlich und westlich der Stadtgrenze befinden sich viele Zitronen- und Orangenkulturen. In Menton wird auch alljährlich ein Zitronenfest veranstaltet, während dessen sich in dem verschlafenen Ort plötzlich viele Besucher tummeln.

Die Geschichte der Stadt reicht bis ins 12. Jahrhundert zurück. Im 14. Jahrhundert unterstand die Stadt Charles Grimaldi aus Monaco und blieb bis 1860 in der Hand der Grimaldis bis sie von Charles III. von Monaco an Napoleon III. übergeben wurde. Von da an gehörte Menton zu Frankreich und der Tourismus begann langsam, sich zu entwickeln. Heute hat Menton circa 30.000 Einwohner. Durch die 500 m hohen Berge, die sich direkt hinter der Stadt erheben, hat Menton eine besonders geschützte Lage, die die Stadt zum wärmsten Ferienort an der Côte d'Azur macht.

Sehr komfortabel, elegant und sauber ist das *Hotel Royal Westminster* (Tel. +330493286969 / 28-30 Avenue Félix Faure). Hier bekommt man ein Doppelzimmer für eine Nacht schon ab 90 Euro.

In der Altstadt gibt es unzählige Restaurants.

Wer etwas ausgefallener essen möchte, für den ist das *Le Darkoum* vielleicht eine Idee. Dort gibt es ausgezeichnete, nordafrikanische Speisen. Es befindet sich in der Fußgängerzone Rue St. Michel, Hausnummer 23. Weitere Restaurants befinden sich in der Nähe des Hafens an der *Baie de Garavan*. Diese sind im Schnitt auch etwas günstiger als die Lokale in der Altstadt, aber genauso gut.

Es gibt auch ein Casino in Menton, in dessen Umgebung das Nachtleben floriert. In der Nähe gibt es viele Bars und es wird viel Live-Musik gespielt. Nach Sonnenuntergang verwandelt sich das Ende der *Promenade du Soleil*, der Strandpromenade, in eine belebte Gegend mit einem Trödelmarkt, wo viele Künstler ihre Waren anbieten.

Zu den Sehenswürdigkeiten zählen die *Kirche Saint-Michel* mit der Büßerkapelle, welche im italienischen Stil erbaut wurde, das *Hôtel de Ville*, der Friedhof *Cimetière du Vieux-Château*, der eine herrliche Aussicht bietet und der *Place aux Herbes* mitten in der Altstadt, der mit Loggia und Brunnen besticht. Für einen spektakulären Ausblick kann man zum Kloster *Monastère de l'Annonciade* hinaufsteigen. Dort hat man auch die Möglichkeit Malereien aus dem 16. Jh. zu bewundern. Unterhalb der Altstadt befindet sich der Hafen mit dem *Quai Napoléon*, einer kleinen Landzunge, die ins Meer hineinreicht. Ein kleiner Fußweg führt bis zum Ende des Kais: Wenn Sie dort entlanglaufen, können Sie den Blick auf die Stadt genießen. Am Anfang des Kais findet man die Bastion mit dem *Musée Jean Cocteau*, auch einen Besuch wert. Es gibt in dem Ort zwei Strandpromenaden, die ineinander übergehen.

Die *Baie du Soleil* und *Baie de Garavan*. Beide Strände sind sehr sauber, es gibt alle 100 Meter Duschen und auch Schließfächer. Sie sind circa 30 Meter breit und selbst im Sommer nur selten überfüllt. Falls man etwas empfindliche Füße hat, sollte man vielleicht Badeschuhe mitnehmen, da es auf den Steinstränden nicht immer angenehm zu laufen ist. Die Strände am *Baie de Garavan* sind künstlich angelegt, somit gibt es kaum Wellen. Am *Baie du Soleil* hingegen können die Wellen mit dem entsprechenden Wind sehr stark werden.

Eine rote Flagge signalisiert dann, dass man lieber nicht ins Wasser gehen sollte. Neben den beiden öffentlichen Stränden gibt es auch ein paar Privatstrände, wo man ca. 10 Euro am Tag für eine komfortable Strandliege zahlt. Sehr sehenswert ist auch die Markthalle. Dort gibt es am Vormittag ein reges Treiben und die besten frischen Lebensmittel aus der Region. Man kann dort besonders günstig an den kleinen Ständen essen. Vor allem das *Socca* ist hier vorzüglich und sehr billig.

Insidertipp: Der *Giardini Botanici Hanbury* liegt nur 30 Minuten Autofahrt von Menton entfernt in Italien. 1867 kaufte Thomas Hanbury, ein britischer Kaufmann, das 18 Hektar große Anwesen und verwandelte es über viele Jahre hinweg in einen botanischen Garten. Die Artenvielfalt der Pflanzen ist bemerkenswert. Der Weg führt durch die Zone der „Vier Jahreszeiten": Die Aloen-Zone, die Zone der Cyclamen, den japanischen Garten, am Fontana der Drago entlang des Gartens der Gerüche bis zum „Mausoleo Moresco", wo die Asche Sir Henry Hanburys beigesetzt wurde.

Weiter geht es entlang des Olivenhains und des Salbeigartens bis zum Meer. Unten angekommen gibt es ein kleines Café, wo man kurz Rast machen kann, bevor man den Hang wieder hinaufläuft, vorbei am Pinienhain, Akazien, dem australischen Wald mit Eukalyptus, gefolgt von der Rosensammlung

„Giardinetti" und dem Palmenhain „Viale delle Cycas", dem Bananenwald und den Pfefferbäumen aus Peru. Ein Rundgang beginnt oben und führt dann den Hang hinab bis zum Wasser, sodass man zu jeder Zeit einen wunderschönen Blick auf das Meer hat, dessen blau sich unendlich weit erstreckt und irgendwann in den Himmel übergeht. Es gibt wenige Orte, die so verträumt und romantisch sind.

MONACO

Das Fürstentum Monaco ist ein eigenständiger Staat direkt am Mittelmeer. Dort gründeten die Griechen einst eine Handelsniederlassung mit dem Namen „Monoikos", die bestand, bis die Römer einige Zeit später einmarschierten. Ende des 13. Jahrhunderts stritten sich die französische Grafschaft Provence und die italienische Grafschaft Genua um das kleine Fleckchen Erde. Am Ende kam es so, dass ein Mitglied der Patrizierfamilie aus Genua, Francesco Grimaldi, den Ort für sich gewann. Er baute daraufhin den Fürstenstaat auf, der bis heute besteht und immer noch in der Hand der Grimaldi-Familie ist. Das Land ist nur 192 Hektar groß und damit der zweitkleinste Staat der Welt. Noch kleiner ist nur der Vatikan. Monaco zählt rund 30.000 Einwohner, von denen aber nur ungefähr 7.000 monegassische Staatsbürger sind. Eine Staatsbürgerschaft ist auch unglaublich schwer zu bekommen.

Es gibt zwischen Frankreich und Monaco keine Grenzkontrollen und viele Buslinien verkehren von Nizza nach Monaco, sodass die Anreise sehr unkompliziert ist. Der Bus 100 fährt beispielsweise vom Flughafen in Nizza nach Monaco. Man kann alternativ den Bus 100X nehmen, der eine kürzere Strecke fährt, welche aber nicht so schön ist, da man die Route durch die Tunnel nimmt, während man bei der Linie 100 den Blick aufs Meer genießt. Es gibt auch einen modernen Bahnhof, wo die Züge regelmäßig im 30 Minuten-Takt verkehren.

Etwas exklusiver kann man gegen das entsprechende Kleingeld auch per Hubschrauber in den Fürstenstaat einreisen. Am Flughafen Nizza gibt es einen Hubschraubershuttleservice nach Monaco. Der halbstündige Flug kostet ca. 160 Euro. Außerdem gibt es zwei Häfen: *Port Hercule* und *Port de Fontvieille*, wo so viele Luxusyachten ankern, dass man gar nicht weiß, wo man hinschauen soll.

Der Staat ist in mehrere Bezirke aufgeteilt: *La Condamine* ist die Gegend am Hafen, *Monte Carlo* das Geschäftszentrum und Ort des weltberühmten Casinos sowie den bekannten Tunneln der Formel 1 und *Monaco Ville*, die Altstadt auf den Felsen und Sitz der regierenden Familie Grimaldi, die im *Palais du Prince* lebt. Die meisten Einwanderer sind sehr vermögend und wählen Monaco als Wohnsitz, da es keine Steuerpflicht im Land gibt. Durch die vielen wohlhabenden Einwohner ist Monaco zum Symbol für Reichtum und Luxus geworden. Dadurch, dass Monaco eine Währungsunion mit Frankreich ist, gibt es auch dort den Euro, sodass kein Geld umgetauscht werden muss. Frankreich und Monaco bilden eine Zoll- und Wirtschaftsunion, wobei Frankreich Monaco außenpolitisch repräsentiert. Amtssprache ist Französisch, wobei es in der Schule auch das Pflichtfach Monegassisch gibt.

Besonders bekannt ist das kleine Fürstentum am Meer für das Glücksspiel. Es sorgte für den wirtschaftlichen Aufschwung zusammen mit dem Tourismus, der daraus resultierte, denn im 19. Jahrhundert war das Glücksspiel in Italien und Frankreich verboten, sodass die Leute für das Vergnügen zu

Scharen in das Land kamen. Waren die Casinoeinnahmen damals der Hauptteil der Staatseinnahmen, so verdient Monaco heute vor allem durch den Tourismus, Kongresse und die Mehrwertsteuer sein Geld. Die Mehrwertsteuer ist übrigens die einzige Steuer, die dort gezahlt werden muss, weshalb das Land ein wahres Steuerparadies ist.

Es gibt dort die höchste Polizistendichte pro Kopf und über 400 Kameras bewachen überall das Geschehen, was bedeutet, dass man keine Angst vor Taschen- oder Autodieben haben muss. Das Land gilt als sicher. Monaco ist das ganze Jahr über gut besucht.

Besonders voll wird es aber während des jährlichen Grand Prix von Monaco. In dieser Zeit steigen auch die Preise für Unterkünfte entlang der gesamten Côte d'Azur an. Das heißt, falls man nicht das Formel 1 Spektakel erleben will, so sollte man vielleicht nicht ausgerechnet dann eine Reise nach Südfrankreich antreten. Um in Monaco alles Sehenswerte anzuschauen, reicht ein Tag. Sehr praktisch ist auch, dass alles fußläufig zu erreichen ist. Oftmals helfen Rolltreppen und Aufzüge bei der Bewältigung der Höhenunterschiede. Nicht verpassen sollte man folgende Sehenswürdigkeiten:

Casino Monte-Carlo

Die Spielbank wurde 1858 im imposanten Beaux-Arts-Stil erbaut. Am Eingang werden die Taschen kontrolliert, dann darf man in die große Eingangshalle eintreten, an die direkt eine sehr elegante Bar anschließt, die zwar teure Preise hat, aber keine unbezahlbaren, sodass man auch von dort aus die Casinoatmosphäre bei einem Glas Wein oder einer Tasse Kaffee genießen kann. Möchte man zu den Spielräumen, so muss man einen Eintritt von 19 Euro zahlen.

Opéra de Monaco

Das Opernhaus ist ein Erweiterungsbau des Casinos und beinhaltet unter anderem die *Salle Garnier*. Ursprünglich war dieser das Privattheater der Fürstenfamilie, aber heute ist er für die Öffentlichkeit zugänglich.

Formel 1 Strecke

In der Touristeninformation kann man kostenlos eine Karte bekommen, in der die Rennstrecke

eingezeichnet ist. Diese kann man dann ablaufen o-
der -fahren.

Palais Princier de Monaco am *Place du Palais*
Hier logiert Prinz Albert II. von Monaco. Jeden Tag
um 11.55 Uhr findet der Wachwechsel statt, der ein
ganz besonderes Spektakel bietet. Manchmal kann
man die Gemächer des Fürsten sogar besichtigen.
Dazu sollte man sich aber am besten auf der Inter-
netseite des Palastes vorab informieren (https://pa-
lais.mc/en). Der Eintritt kostet 8 Euro. Vom *Place du
Palais* hat man einen grandiosen Ausblick auf die
beiden Häfen *Port de Fontvieille* und *Port Hercule*
und die angrenzende Altstadt ist definitiv auch einen
Bummel wert mit den kleinen verwinkelten Straßen
und hellen Häusern.

Kathedrale Notre-Dame-Immaculée
Die Hauptkirche von Monaco ist im eindrucksvollen,
neuromanischen Stil erbaut. Hier sind die Familien-
mitglieder der Grimaldis beigesetzt, sodass man
dort auch das Grab von Grace Kelly besichtigen kann.
Die Hollywoodschauspielerin war mit Fürst Rainer
III. verheiratet und starb bei einem tragischen

Autounfall.

Ozeanographisches Museum
Seit 1910 gibt es das Ozeanographische Museum am Fürstenfelsen. Man kann rund 6.000 Meerestiere entdecken und vor allem für Kinder ist der Besuch ein absolutes Highlight. Die Tickets kosten 14 Euro.

Insidertipp: *Monaco Open Air Cinema*
Dieses Kino ist mein ganz persönlicher Favorit. Von Mitte Juni bis Anfang September werden hier an einem großen Klippenvorsprung unter freiem Himmel aktuelle Kinofilme gezeigt. Man sitzt in gemütlichen Stühlen, schaut auf die Leinwand am Felsen, hat im Rücken das Wasser und spürt eine seichte Meeresbrise auf der Haut. Die Stimmung ist sehr gemütlich und romantisch.

Was die Übernachtungsmöglichkeiten angeht, so ist es in Monaco kaum möglich, günstig unterzukommen. Nicht ganz so teuer, wie die übrigen Hotels sind das *Hôtel de France* (Tel. +377933024646 / 6 Rue de la Turbie) und das *Hôtel Columbus Monte Carlo* (Tel. +37792059000 / 23 Avenue des Papalins). Sparen kann man, wenn man in den umliegenden Orten Beausoleil, Menton oder Nizza übernachtet.

Feinschmeckern bietet das Fürstentum alles, was das Herz begehrt. Vorzügliches wird in den gehobenen Lokalen wie dem „Café de Paris" und „Le Vistamar" serviert. Günstig kann man im *Maison des Pates Monaco* und in der *Azur Bar* essen.

NIZZA

Nizza hat ungefähr 400.000 Einwohner und gehört somit zu einer der größeren Städte an der französischen Riviera. Hier befindet sich auch der große, internationale Flughafen. Es gibt unzählige Museen. Nur Paris bietet noch mehr Museen als Nizza. Nizza ist die Hauptstadt des *Département Alpes-Maritimes*.

Die Geschichte der Stadt hat ihren Anfang ungefähr 500 v. Chr. Damals richteten die Griechen neben „Monoikos" im heutigen Monaco einen weiteren Handelsstützpunkt mit dem Namen „Nikaia" ein. Die Römer nutzen die Stadt 150 v. Chr. als Hafen. Nizza ist von vielen Konflikten in der Vergangenheit geprägt. 1388 löste es sich von Frankreich und wurde zu einem Teil der Grafschaft Savoyen. Häufiger wurde die Stadt erobert und zerstört. Seit 1860 gehört Nizza wieder zu Frankreich und wurde schnell zur Touristenmetropole.

Fährt man von Menton nach Nizza, so gibt es vier Möglichkeiten: Die Autobahn und die drei *Corniches*. *Corniche* bedeutet übersetzt Klippenstraße. Von Menton nach Nizza führen drei solcher Straßen. Die unterste Straße, *Corniche Inférieure,* führt am Wasser entlang. Die mittlere Straße heißt *Corniche Moyenne*. Die oberste Straße, die *Grande Corniche,* ist die wohl bekannteste Panoramastraße der Welt und schlängelt sich durch die Berge und entlang steil abfallender Klippen. Berühmt geworden ist sie durch den James Bond Film „Golden Eye", indem sich auf dieser Straße eine spannende Verfolgungsjagd abspielt. Der Ausblick ist atemberaubend. Hat man ein Auto, so sollte man sich die Strecke von Menton nach Nizza entlang der *Grande Corniche* nicht entgehen lassen. Die Altstadt von Nizza ist sehr gut erhalten und besticht mit vielen barocken Sakralbauten wie die *Église la Miséricorde* der die *Kathedrale Sainte-Réparate.*

Zu entdecken gibt es viele Orte:

Promenade des Anglais
Diese Strandpromenade beginnt westlich des Flughafens und führt über ein Strecke von 5 km bis zum Hafen. Man hat eine schöne Aussicht auf die Bucht der Engel. Während der Belle Époque wurden entlang der Promenade zahlreiche Paläste und Luxushotels gebaut. Die Art-Déco-Fassaden, Laternen und blauen Bänke verleihen der Promenade einen unverwechselbaren Charakter.

Centre Cinématographique
Das Filmzentrum beherbergt eine umfangreiche Sammlung audiovisueller Medien zu den Themen Kunst, Kultur, Geschichte, Wirtschaft und Politik.

Musée Message Biblique Marc Chagall
Marc Chagall (1887-1985) war ein Maler französischer Herkunft, der vor allem durch seine Bibelillustrationen bekannt wurde. Er war ein Künstler des Expressionismus. Seine Wand- und Deckengemälde kann man in der Metropolitan Oper in New York, im Frankfurter Stadttheater oder in der Pariser Oper

bestaunen. Das Museum stellt 17 Gemälde seines Bibel-Zyklus aus.

Musée Matisse

Dieses Museum befindet sich im reichen Stadtteil Cimiez und bietet Besuchern einen guten Überblick über das Schaffen des Künstlers Henri Matisse, welcher von 1917 bis 1954 in Nizza lebte.

Musée d'Art Moderne et d'Art Contemporain (MAMAC)

Das Museumsgebäude wurde von Yves Bayard und Henri Vidal entworfen und 1990 eingeweiht. Ausgestellt wird die amerikanische und französische Avantgarde seit 1960. Darunter sind Künstler wie Yves Klein, Andy Warhol und Tom Wesselmann. Auch schön ist der Meerblick, den man von der Dachterrasse des Museums hat.

Opéra de Nice

Dort, wo heute die Oper von Nizza steht, wurde 1826 ein Operngebäude im italienischen Stil erbaut. Dieses wurde leider bei einem Brand zerstört. Der Architekt François Aune, welcher bei Gustave Eiffel lernte, gestaltete das Haus im Stil der Pariser Oper neu. Heute ist sie ein historisches Monument und man kann Opern, Konzerte oder Ballettaufführungen besuchen.

Die schönsten Orte zum Baden sind:

Der Stadtstrand von Nizza
Dieser Steinstrand hat eine Länge von 5 km und ist im Sommer gut besucht, reicht aber für eine kurze Abkühlung allemal aus.

Plage des Fourmis
Im nahegelegenen, kleinen Ort *Beaulieu-sur-Mer* kann man an diesem Strand den schönen Blick auf die Halbinsel *Saint-Jean-Cap-Ferrat* genießen. Es ist etwas ruhiger und beschaulicher als in der Stadt.

Insidertipp: *Plage des Marinières*
Dieser kleine Strand in *Villefranche-sur-Mer* bietet ebenfalls die Möglichkeit, dem Trubel Nizzas zu entgehen. Der Strand besteht aus feinem Kies und Sand und ist viel angenehmer als die vielen Steinstrände,

die meistens an der Côte d'Azur zu finden sind.

In Nizza findet man für jedes Budget eine passende Übernachtungsmöglichkeit. Sehr günstig kann man im Hostel *Backpackers Chez Patrick* (Tel. +3300493803072 / 32 Rue Pertinax) und im den Hotels *Maison Bonfils (26 Boulevard Raimbaldi)* und *easyHotel Nice Palais des Congrès Vieux Nice* (Tel. +330492002121/ 38 Rue Barberis) übernachten. Möchte man Luxus pur im Hotel, so ist das Hotel *Negresco* ein Klassiker unter den Luxushotels. Schön essen kann man im *Da Acchiardo* und *La Voglia,* falls es etwas teurer sein darf und im *Restaurant du Gesú*, wenn man lieber einen moderaten Preis fürs Essen zahlen möchte. Sehr empfehlenswert ist das Eiscafé *Maître Glacier Fenocchio*, wo es über 90 Sorten Eis gibt.

ANTIBES

Schaut man auf der Karte weiter Richtung Cannes, so ist der nächstgrößere Ort mit 76.000 Einwohnern Antibes. Die Stadt ist gut an die Autobahn *La Proven-çale* und das Eisenbahnnetz angebunden und deshalb sehr einfach zu erreichen. Besonders schön sind die vielen Sandstrände, malerischen Buchten und Häfen, die Antibes zu bieten hat.

Sie ist eine der ältesten Städte an der Côte d'Azur. 340 v. Chr. gründeten die Griechen hier „Antipolis". In der Spätantike war die Stadt ein Bischofssitz. Ende des 16. Jahrhunderts verkaufte die Familie Grimaldi, in deren Händen sich die Stadt seit 1386 befand, Antibes an Frankreich. Berühmt wurde die Stadt an der südfranzösischen Küste durch viele Künstler, wie Pablo Picasso, die sich Anfang des 20. Jahrhunderts niederließen.

Bekannt ist die Stadt auch wegen des internationalen Jazzfestivals und dem Musikfestival *Musique au Coeur*. Die Halbinsel *Cap d'Antibes* im Süden der Stadt erlangte durch den Roman „Tender is the Night" von F. Scott Fitzgerald Berühmtheit.

Auch Antibes beeindruckt mit einer sehr gut

erhaltenen Altstadt, in der ein Stadtbummel ein kleines Vergnügen ist. Außerdem ist der Strand, im Gegensatz zu so manchen anderen Stadtstränden, wunderschön. Weicher Sand, klares Wasser und ein schöner Blick auf die Stadt laden zum Verweilen ein.

Sehenswürdigkeiten der Stadt sind:

Port Vauban
Dieser Yachthafen bietet 17.000 Liegeplätze. Hier ankerte das durch den James Bond Film „Sag niemals nie" bekannt gewordene Luxusschiff *Nabila*. Der Hafen ist der größte Yachthafen der ganzen Côte d'Azur.

Musée Picasso
Im *Château Grimaldi* kann man nicht nur Arbeiten von Picasso bestaunen, sondern auch Werke von Miró, Richier, Poirier, Léger, Modigliani, Ernst, Calder und Hartung sehen. Im Jahr 1946 richtete Pablo Picasso im ehemaligen Schloss der Grimaldis sein Atelier ein. Montags ist das Museum geschlossen.

Musée Peynet

Dieses kleine Museum am Rande der Altstadt stellt Zeichnungen und Karikaturen des Künstlers Raymond Peynet aus. Die Werke sind auch ohne gute Französischkenntnisse gut zu verstehen und teilweise sehr amüsant.

Musée Archéologique du Bastion Saint-André

Von der langen Geschichte der Stadt zeugen archäologische Funde, die in der Bastion ausgestellt sind.

Fondation Hartung-Bergmann

Arbeiten des Künstlerehepaars Hans Hartung und Anna-Eva Bergmann sind in diesem kleinen Museum für zeitgenössische Kunst ausgestellt.

Marché Couvert

Einen Besuch wert ist auf jeden Fall der überdachte Marktplatz auf dem *Cours Massena*. Hier werden frische Lebensmittel aus der Region verkauft. Die Preise sind zwar nicht besonders niedrig, aber ganz passabel.

Fort Carré

Diese Festung erhebt sich hinter dem Hafen und wurde 1553 gebaut, um Antibes vor Angriffen zu schützen. Heute steht sie unter Denkmalschutz und ist für Besucher geöffnet.

Zu den Gourmetrestaurants zählen das *Le Figuier de Saint-Esprit* und das *Restaurant de Bacon.* Für die mittlere Preisklasse empfiehlt sich das *Les Pêcheurs*, welches für die kreative Zubereitung von Meeresfrüchten und Fisch geschätzt wird und das *Le Petit Restaurant*, ein kleines Lokal mitten in der Stadt, welches ausschließlich frische, regionale Erzeugnisse verarbeitet. In Antibes kann man auch etwas günstiger essen, wenn man möchte. *Chez Lulu, L'Oursin* und *Le Comptoir de la Tourraque* sind hierfür verlässliche Anlaufstellen. Diese Lokale sind auch nicht unbedingt billig, aber zumindest etwas günstiger.

Antibes bietet auch viele Übernachtungsmöglichkeiten. Sehr schön ist das *Hotel Mademoiselle* (Tel. +330493613134 / 12 Avenue Docteur Dautheville), *Le Relais du Postillon* (Tel. +330493342077 / 8 Rue Championnet) und das *Ibis Styles Antibes* (Tel. 08000001492 / 2067 Chemin de Saint-Claude).

CANNES

Jedes Jahr im Mai ist die Aufmerksamkeit der ganzen Welt auf diese schillernde Stadt an der Côte d'Azur gerichtet., denn da findet das alljährliche Filmfestival der Stadt statt. Zu dieser Zeit sind viele Stars, Regisseure und Produzenten in Cannes und bringen die Stadt zum Glitzern. Es werden ungefähr 300 Filme während des zweiwöchigen Festivals gezeigt.

Früher hatte Cannes keinen Hafen und war somit für die alten Griechen und Römer uninteressant, sodass die Stadt lange ein kleines Fischerdorf blieb. Um 1200 herum war Cannes eine kleine Siedlung, die dann langsam wuchs und es immerhin schaffte, eine kleine Stadt mit Stadtmauern zu werden. Der Aufschwung der Stadt hatte seinen Anfang, als Adelige begannen, in der Stadt Ferienhäuser zu errichten. Als dann der englische Graf Brougham seine Ferienvilla in Cannes bauen ließ, wurde der Ort endgültig zu einer der wichtigsten Städte an der Côte d'Azur. Viele Künstler, unter anderem Matisse, Chagall, Picasso, Cocteau und Le Corbusier, verbrachten hier die Sommermonate.

Cannes ist die beste Stadt, um teuer zu essen

und zu shoppen. Hier findet man Boutiquen aller exklusiven Luxusmarken und unglaublich viele Gourmetrestaurants. Die Flaniermeile, die gesäumt ist von teuren Läden, Bars, Restaurants, Luxushotels und kleinen Parks mit exotisch duftenden Pflanzen, ist der *Boulevard de la Croisette.* An einem Ende dieser Promenade befindet sich das *Palm Beach Casino* und am anderen der *Palais des Festivals.* Vor dem Filmpalast befindet sich die *Allée des Etoiles*, wo mehr als 200 Stars einen Handabdruck im Beton hinterlassen haben. Vom *Pointe Croisette* am östlichen Ende des Boulevards hat man einem schönen Blick auf die Promenade und den Filmpalast.

Entlang der Croisette sind Palmen gepflanzt, darunter liegt der malerische Sandstrand *Plage de la Croisette.* Das Wasser ist sehr klar und der Strand fällt nur seicht ab, sodass man schön reinwaten kann. Neben dem Filmfestival ist das jährliche *Yachting Festival* ein absoluter Publikumsmagnet. Im September werden dann über 500 erstklassige Boote und ca. 100 „World Premiere Editions" ausgestellt.

Zu den Sehenswürdigkeiten der Stadt zählen:

Église Notre Dame de l'Espérance
Diese Kirche aus dem 18. Jahrhundert im neogotischen Stil beherbergt ein Bildnis der heiligen Ana, welches aus dem 15. Jahrhundert erhalten ist.

Musée de la Castre
In diesem archäologischen Museum kann man griechische Amphoren, alte Masken und Malereien entdecken.

Villa Rothschild
Der Palast wurde im Jahr 1881 im neoklassischen Stil errichtet und entzückt mit einem kleinen, mediterranen Park.

Chapelle Bellini
Hier hatte der Maler Emmanuel Bellini (1904-1989) sein Atelier. Heute werden dort seine schönsten Werke ausgestellt.

Observatorium Super-Cannes

1 km außerhalb der Stadt hat man vom Observatorium einen atemberaubenden Blick auf die Seealpen und entlang der gesamten Côte d'Azur bis nach Italien. Ist der Himmel klar, so kann man sogar einen Blick auf Korsika erhaschen.

Cimetière du Grands Jas

Auf diesem Friedhof, der der größte innerstädtische Park an der französischen Riviera ist, sind große Persönlichkeiten wie Lily Pons und Klaus Mann bestattet worden.

Insidertipp: *Îles des Lérins*

Die beiden Inseln *Sainte-Marguerite* und *Saint-Honorat* befinden sich südlich von Cannes. Es gibt öffentliche Fähren, mit denen man gut zu den Inseln gelangt. Besonders die Einheimischen machen gerne einen Ausflug dahin. *Saint-Marguerite* ist ein kleines Paradies auf Erden. Hier gibt es üppige Flora und Fauna, die man am besten bestaunen kann, wenn man entlang des Naturpfads *Sentier Botanique* wandert. Im Norden der Insel hat man auch die Möglichkeit, das *Fort Royal* zu besichtigen, eine Festung aus dem Mittelalter. Die kleine Insel *Sainte-Honorat* lässt sich in ein bis zwei Stunden zu Fuß umrunden. Besonders schön ist das Kloster *Monastère Fortifie* mit seiner wunderschönen Lage direkt am Meer.

Wer nicht zu den Superreichen gehört, die in den Luxushotels entlang der Croisette nächtigen, für den kommen die Hotels in der Altstadt vielleicht in Frage. Einige schöne Unterkünfte sind das *Hotel Ibis Cannes Centre* (Tel. +33413510296 / 8 Rue Marceau), *Hôtel Pruly* (Tel. +334933841 / 32 Boulevard d'Alsace) und *Pierre & Vacances Résidence Cannes Verrerie* (Tel. +33493907200/ 6 Rue de la Verrière). Wirklich günstig zu übernachten ist in Cannes so gut wie unmöglich. Am besten sollte man da in den umliegenden Orten eine Übernachtungsmöglichkeit suchen.

Möchte man in Cannes elegant essen, so ist man in den Restaurants an der Promenade gut aufgehoben. Soll es ein wenig günstiger sein als dort, so ist das *La Brouette de Grand-Mère* eine gute Anlaufstelle. Direkt am Strand essen kann man im *Vega-Luna*. Besonders gut ist hier der Apfelkuchen (*tarte aux pommes*) als Nachspeise. Sehr modern sieht es im *Le Tube* aus. Dort sitzt man in einem Lokal im Industriedesign und wird mit französischen Gerichten beglückt.

SAINT TROPEZ

Ursprünglich war Saint Tropez, genau wie Cannes, einmal ein kleines Fischerdorf. Benannt wurde der Ort nach dem Heiligen Torpes. Der kleine Hafenort war sehr bedeutsam für die moderne Kunst, denn viele Künstler wie Henri Matisse, Pierre Bonnard, Bernard Buffet, Massimo Campigli und Stefan Szczesny kamen nach Saint Tropez, um sich inspirieren zu lassen. Mitte des 20. Jahrhunderts traf sich die High Society in der Stadt und sie erlebte einen wirtschaftlichen Aufschwung.

Bekannt ist Saint Tropez für den Yachthafen und den größten Sandstrand an der ganzen Côte d'Azur: die *Baie de Pampelonne*. Berühmte Strandclubs wie Nikki Beach, Aqua Club und Club 55 sind im Sommer immer brechend voll. Die meisten Besucher gehören zu den reicheren Schichten der Gesellschaft. Es gibt viele gehobene Restaurants, exklusive Boutiquen und Luxushotels. Sehr bekannt ist die Stadt als

Schauplatz der Gendarmerie-Filme mit Louis de Funès.

Sehenswürdigkeiten der Stadt sind:

La Citadelle

In einiger Höhe über der Stadt kann man von der Zitadelle den atemberaubenden Blick über Saint Tropez und das Mittelmeer genießen. Außerdem befindet sich hier das *Musée National de la Marine,* das Museum für Seefahrt und Stadtgeschichte.

Port Grimaud

François Spoerry entwarf 1966 den Hafen in der Bucht von Saint Tropez mit einer Fläche von 27 Hektar. In dieser Privatsiedlung besitzen Eigentümer eine Wohnung oder ein Haus mit einer Anlegestelle direkt vor der Tür. Zwischen den pastellfarbenen Häusern sind kleine Wasserkanäle, die man mit dem Boot erkunden kann. Deshalb wird *Port Grimaud* auch Klein-Venedig genannt. Viele kleine Läden und Cafés laden zu einem Spaziergang ein.

Musée de l'Annonciade

Dieses Museum war das erste an der Côte d'Azur, das moderne Kunst ausstellte. Bewundern kann man Werke von Paul Signac, Charles Camoin und Henri Matisse.

Maison des Papillons

In diesem Schmetterlingsmuseum werden über 20.000 Schmetterlinge gezeigt.

Place des Lices

Auf diesem Platz gibt es zweimal wöchentlich einen Markt, auf dem man außergewöhnliche französische Spezialitäten kosten kann. Bei Gelegenheit sollten Sie unbedingt die *Tarte Tropézienne* probieren.

Auch hier sind Urlauber wieder mit hohen Preisen für alles konfrontiert. Die Hotels *Playa Saint Tropez* (Tel. +33498129444 / 99 Rue de St. Tropez), *Les Lauriers Saint Tropez* (Tel. +330494970488 / 5 Rue du temple) und *Maison d'Orange* (53 Avenue Général Leclerc) sind elegant, bieten Zimmer für 100-200 Euro pro Nacht an und gehören damit schon zu den günstigeren in Saint Tropez.

Romantisch essen kann man im *Rivea Restaurant* des *Hotels Byblos*. Dort werden mediterrane Küche und eine wunderschöne Terrasse geboten. Moderate Preise zahlt man im *Restaurant Le G' Envie.* Außerdem hat man einen schönen Blick auf die *Chapelle de la Miséricorde*. Das *L'Olivier* bekam 2019 einen Michelin-Stern verliehen.

Praktische Hinweise von A-Z

Auto

Auf der französischen und italienischen Autobahn wird Mautgebühr erhoben. Während der Sommerferien im Juli bis August ist die Staugefahr hoch. Vor allem Samstage sollte man in der Zeit als Anfahrtstag vermeiden.

Bahn

Die Bahnlinie Marseille-Toulon-Genua verläuft zwischen Fréjus und Menton. Möchte man mit dem TGV fahren, muss man unbedingt reservieren. Das Hinterland wird durch den TER mit Nizza verbunden.

Banken und Kreditkarten

Banken sind in der Regel Mo-Fr 8.30-12 Uhr und 14-17 Uhr geöffnet. Geldautomaten gibt es überall. In fast allen Geschäften, Hotels und Tankstellen kann man mit Kreditkarte zahlen.

Deutsches Konsulat

34 Avenue du Verdun / Nizza / Tel. +33493870131.

Flugzeug

Der größte Flughafen ist der Nice Côte d'Azur, der von allen großen Airlines angesteuert wird. Von da aus führen viele Buslinien in alle Richtungen der Küste.

Gesundheit

Ist man in Deutschland gesetzlich versichert, so muss man die medizinische Leistung in Frankreich erst einmal bezahlen und sich anschließend von der Krankenkasse zurückerstatten lassen.

Internet
Nützliche Websites sind:

www.franceguides.com

www.alpes-haute-provence.com

www.nicerendevouz.fr

www.cote.azur.fr

Notruf
112

Öffentlicher Nahverkehr
Entlang der Küste verkehren überall Busse. In Nizza fährt seit 2007 eine Straßenbahn. Eine Einzelfahrt mit bei dem Busunternehmen TAM kostet 1,30 €. Die Busse fahren auch in die kleineren Dörfer im Hinterland.

Post
Briefe und Postkarten können entsprechend frankiert in jeden Briefkasten eingeworfen werden. Monaco hat eigene Briefmarken. Postämter sind Mo-Fr 9-12 Uhr und 14-17 Uhr und Sa 9-12 Uhr geöffnet.

Strom

In der Regel passen deutsche Stecker in die französischen Steckdosen. Für ältere Steckdosen braucht man einen Adapter.

Trinkgeld

Auch hier gilt die 10-Prozent-Richtlinie.

Zeitung

Die größten Tageszeitungen sind *Nice-Matin* und *Var-Matin*.

Kleiner Sprachführer

Mein Name ist ...	Je m'appelle
Sprechen Sie Deutsch?	parlez-vous allemand ?
Ich spreche kein Französisch.	e ne parle pas français.
Wie komme ich...	Comment puis-je...
...zum Hotel?	...à l'hôtel ?
...zum Arzt?	...au docteur ?
...zur Apotheke?	...à la pharmacie ?
...zum Fährhafen?	...au terminal du ferry ?
...zur deutschen Botschaft?	...à l'ambassade d'Allemagne ?

...zur Polizei?	...à la police ?
Ich hatte einen Unfall.	J'ai eu un accident.
Ich bin verletzt.	Je suis blessé
Wo kann ich telefonieren?	Où puis-je utiliser le téléphone ?
Ich befinde mich...	Je suis à...

Schlusswort

Nachdem Sie durch diese Lektüre die Côte d'Azur kennengelernt haben und in die Welt der französischen Riviera eingetaucht sind, steht einer Reise nach Südfrankeich nichts mehr im Weg. In diesem Buch haben Sie einen guten Überblick über die französische Mittelmeerküste bekommen und können nun beginnen, vom Urlaub zu träumen oder am besten direkt zu planen. Mit Hollywood-Stars an der Croisette in Cannes flanieren, im Casino Monte Carlo das Glück herausfordern, im Cabrio den Grand Corniche entlangbrausen, Zitronenduft in Menton schnuppern, am Strand von Saint Tropez entspannen oder in Nizza ein Glas Rosé genießen – Ihnen stehen alle Türen offen. An den Urlaub an der Côte d'Azur erinnert man sich noch ein ganzes Leben lang.

Packliste

Geld & Finanzen

O (evtl.) Auslandswährung
O Bargeld
O Bauchtasche
O Brustbeutel
O Bauchtasche
O EC-Karte
O Kreditkarte
O Notfall-Telefonnummern der Banken
O Portmonee

Hygiene

O Haarbürste / Kamm
O Deo (klein)
O Shampoo
O Kulturtasche
O Sonnencreme
O Taschentücher

O Reise-Zahnbürste und Zahnpasta
O Verhütungsmittel

Kleidung

O Badeklamotten
O Gürtel
O Hosen kurz / lang
O Mütze / Cap / Hut
O Pullover
O Regenjacke
O Schlafanzug
O Socken
O Sonnenbrille
O Sportklamotten / Jogginghose
O T-Shirts
O Unterwäsche

Medikamente

O Blasenpflaster
O Anti-Durchfalltabletten
O Erste-Hilfe-Set

O Fiebertabletten
O Fiebertabletten
O Mückenschutz
O sonstige Medikamente
O Pflaster
O Kopfschmerztabletten

Unterlagen & Papiere

O ADAC Unterlagen
O Adresslisten für Postkarten
O Krankversicherungsnachweis
O Stadtplan
O Führerschein
O Unterlagen für die Unterkunft
O Wasserdichte Hülle für Reiseunterlagen
O Impfausweis
O Mietwagenunterlagen
O Personalausweis
O Reisepass
O Reisetagebuch
O evtl. Studentenausweis

O evtl. Visum
O Zug- / Bahn- / Flugticket

Taschen & Rucksäcke

O Koffer / Trolley / Reisetasche
O Regenhülle für Rucksack
O Rucksack

Schuhe

O Badeschlappen / Hausschuhe
O Schuhe und Wechselschuhe

Sonstiges

O Brille / Kontaktlinsen und Etui
O Buch zum Lesen
O Ohrenstöpsel und Schlafmaske
O Regenschirm
O Reisedecke
O Wasserflasche
O Wörterbuch

Elektronik

O Digitalkamera
O Handy
O Ladekabel
O Kopfhörer
O evtl. Steckdosenadapter
O Power-Bank

Herstellung und Verlag:
BoD – Books on Demand, Norderstedt
ISBN: 9783750426627

1. Auflage
Kontakt: Psiana eCom UG/ Berumer Str. 44/ 26844 Jemgum
Covergestaltung: Fenna Larsson
Coverfoto: depositphotos.com